BEI GRIN MACHT SICH IHR WISSEN BEZAHLT

- Wir veröffentlichen Ihre Hausarbeit,
  Bachelor- und Masterarbeit

- Ihr eigenes eBook und Buch -
  weltweit in allen wichtigen Shops

- Verdienen Sie an jedem Verkauf

Jetzt bei www.GRIN.com hochladen
und kostenlos publizieren

Bibliografische Information der Deutschen Nationalbibliothek:

Die Deutsche Bibliothek verzeichnet diese Publikation in der Deutschen National-
bibliografie; detaillierte bibliografische Daten sind im Internet über http://dnb.d-
nb.de/ abrufbar.

Impressum:

Copyright © 2008 GRIN Verlag, Open Publishing GmbH
Druck und Bindung: Books on Demand GmbH, Norderstedt Germany
ISBN: 9783640747382

Dieses Buch bei GRIN:

http://www.grin.com/de/e-book/145100/alternative-geschlechterbilder-im-star-trek-
universum-realitaet-oder

Katrin Wissentz

Alternative Geschlechterbilder im Star Trek-Universum – Realität oder Fiktion?

GRIN Verlag

Universität Osnabrück
Fachbereich Erziehungswissenschaften

Thema:

„Alternative Geschlechterbilder im Star Trek-Universum – Realität oder Fiktion?"

Referatsausarbeitung zum Seminar: Bildanalyse in der

Erziehungswissenschaft – Geschlechterbilder in der Werbung

Katrin Wissentz

Europäische Studien 5. Sem.

Osnabrück, den 25.08.08

Gliederung

1. Einleitung

Science-Fiction - in einem Genre in dem Autoren alternative Realitäten in einer fiktiven Zukunft entstehen lassen, stellt sich die Frage, wie weit diese alternative Ausformung reicht. Geht sie gar so weit allgemein gültige Geschlechterrollen zu überwinden oder gar neue Geschlechter zu erschaffen? Der Beantwortung dieser Frage möchte ich mich in der folgenden Hausarbeit widmen, die dementsprechend den Titel „Alternative Geschlechterbilder im Star Trek-Universum – Realität oder Fiktion?" trägt.

Im Moment scheint diese Thematik noch sehr wenig erforscht, was auch Nadja Sennewald bemerkt[1] und aus diesem Grund ihre Studie „Alien Gender – Die Inszenierung von Geschlecht in Science-Fiction-Serien" verfasst hat, auf die ich mich in meiner Arbeit hauptsächlich beziehen werde.

Meiner Arbeit voran gestellt ist zunächst ein kleiner Einblick in die Studie von Frau Sennewald mit einer Erörterung des zugrunde liegenden Geschlechterbildes und der methodischen Herangehensweise. Es folgt ein kleiner Exkurs in die „unendliche Weite" des Star Trek-Universums, wo versucht wird dem Leser nötiges Grundlagenwissen zu vermitteln. Aufbauend darauf widmet sich der zweite Teil meiner Arbeit der Klärung meiner anfangs formulierten Frage. Dieses erfolgt anhand von vier verschiedenen Charakteren, die von mir nochmals in zwei Gruppen unterteilt wurden. Zum einen werden Charaktere vorgestellt, die in ihrem sozialem/ kulturellem Geschlecht alternativ scheinen, zum anderen Charaktere, die in ihrem biologischem Geschlecht eine Alternativität erkennen lassen. Jeder Charakter wird dabei systematisch auf Alternativität und in einem zweiten Schritt auf eventuelle Eindämmungserscheinungen untersucht. Das Ergebnis dieser Untersuchung und die Beantwortung der Ausgangsfrage findet sich schließlich zusammengefasst im dritten Teil der Arbeit – meiner Schlussfolgerung.

---

[1] Nadja Sennewald, Alien Gender. Die Inszenierung von Geschlecht in Science-Fiction-Serien, Bielefeld 2007, S. 22

2. Die Studie

Im Jahr 2007 von Nadja Sennewald veröffentlicht, liegt der Fokus der Studie „Alien Gender" auf der Inszenierung von Geschlecht im Science-Fiction-Genre. Als Untersuchungsfeld wurden die drei Star Trek-Serien Raumschiff Enterprise – Das nächste Jahrhundert, Deep Space Nine und Raumschiff Voyager, sowie Andromeda, Spacecenter Babylon 5 und deren Spin-Off Babylon 5 Crusade erwählt.[2] Die Entwicklung der Studie ist der Kritik Frau Sennewalds zu verdanken, die bemängelt hat, dass bisher einerseits nur sehr wenige Veröffentlichungen zum Thema „Geschlechterverhältnisse in Star Trek-Serien" erschienen seien und zum anderen diese Veröffentlichungen vor allem die narrative Ebene im Fokus hätten und dabei die visuelle Inszenierung oft vernachlässigt würde. Zudem seien alle bisherigen Untersuchungen in ihrem Untersuchungsfeld sehr beschränkt und würden auf serienübergreifende Vergleiche gänzlich verzichten.[3]

2.1 Methodisches Vorgehen

In ihrer Studie nun nimmt Frau Sennewald die zuvor geäußerte Kritik an bisher thematisch vergleichbaren Studien wieder auf. So bedient sie sich einer serienübergreifenden Kategorisierung der verschiedenen Figuren mit dem Ziel, bestimmte Figurentypen erfassen zu können. Zu diesem Zweck werden filmische Sequenzen in Anlehnung an das Modell von Achs und Goffman sowohl auf narrative, wie auch visuelle Gesichtspunkte hin untersucht.[4] Dabei legt sie das Hauptaugenmerk der Studie auf die Beantwortung der Frage, inwiefern die Figuren im altbekannten Rollenverhalten verhaften bleiben und ob mit der Erschaffung eines so genannten dritten Geschlechts gar das binäre Geschlechterschema durchbrochen werden kann.

---

[2] Sennewald, Alien Gender, S. 13
[3] Sennewald, Alien Gender, S. 25
[4] Sennewald, Alien Gender, S. 15-16

3

2.2 Zugrunde liegender Geschlechterbegriff

Durch die Einführung der sex-gender-Relation, also die Differenzierung zwischen sozialem/ kulturellem und biologischem Geschlecht in den 1970er Jahren[5] stellt sich die Frage nach der Konstruiertheit von Geschlecht nahezu von selbst[6]. Dem entsprechend legt Frau Sennewald ihrer Studie ein dekonstruktivistisches Geschlechterverständnis zu Grunde.[7] Dieser Ansatz geht davon aus, dass Geschlecht nicht naturgegeben, sondern vielmehr das Produkt eines sozialen und kulturellen Konstruktionsprozesses bildet. Weiterhin geht Frau Sennewald in ihrer Studie davon aus, dass das kulturelle Geschlecht durch einen Prozess entsteht, der in der Fachsprache als „Doing Gender" bezeichnet wird.[8] Unter „Doing Gender" werden kulturelle Inszenierungspraktiken verstanden, die aktiv eine als eindeutig weiblich oder männlich identifizierbare Geschlechtsidentität herstellen. Dies können beispielsweise geschlechtlich kodierte Spiele oder Kleidung sein.[9]

3. Das Star Trek-Universum

„Der Weltraum – unendliche Weiten. Wir befinden uns in einer fernen Zukunft. Dies sind die Abenteuer des neuen Raumschiffs Enterprise, das viele Lichtjahre von der Erde entfernt unterwegs ist, um fremde Welten zu entdecken, unbekannte Lebensformen und neue Zivilisationen. Die Enterprise dringt dabei in Galaxien vor, die nie ein Mensch zuvor gesehen hat. "[10] Dieses Intro, entnommen aus der Star Trek-Serie „Raumschiff Enterprise: Das nächste Jahrhundert", lässt bereits eindeutige Schlüsse auf den allgemeinen Inhalt der Star Trek-Serien zu. Mit der inhaltlichen Beschreibung einer utopische Zukunft, in der die Menschheit die Grenzen der weltlichen Atmosphäre hinter sich gelassen hat und mit neuen technischen Errungenschaften den Weltraum erforscht,[11] reihen sich die Star Trek-Serien ein in ein seit Jahrzehnten populäres Genre – die Science-Fiction. Gene Roddenberry, der auch heute noch als zentrale Figur des Star Trek-Universums große Verehrung

---

[5] Inge Stephan, Gender, Geschlecht und Theorie, in: Christina von Braun/ Inge Stephan (Hrsg.), Gender Studien. Eine Einführung, Stuttgart 2006, S. 52

[6] Ebd, S. 52

[7] Sennewald, Alien Gender, S. 25

[8] Sennewald, Alien Gender, S. 25

[9] Helga Kotthoff, Was heißt eigentlich „doing gender"? Zur Interaktion und Geschlecht, in: J. van Leeuwen-Turnovcová (Hrsg.), Wiener Slawistischer Almanach, Wien 2002, S. 2-7

[10] Intro der Serie Raumschiff Enterprise – Das nächste Jahrhundert. USA 1987-1994

[11] Torsten Dewi, Star Trek – Was ist das?, in: Kai-Uwe Hellmann/ Arne Klein (Hrsg.), „Unendliche Weiten...". Star Trek zwischen Unterhaltung und Utopie, Frankfurt am Main 1997, S. 11

erfährt, entwickelte die erste Serie „Raumschiff Enterprise" in den 60er Jahren. Die grundlegende Idee dabei war, die Serie in einer „positiven Zukunft" spielen zu lassen, die im Kontext des Kalten Krieges und der im Jahre 1962 gerade noch glimpflich verlaufenden Kubakrise an Bedeutung gewann.[12] Roddenberrys „positive Zukunft" manifestierte sich denn auch in Form einer stark humanistisch geprägten Weltanschauung, frei von sozialer Ungleichheit, Rassismus, Kapitalismus oder Völkerkriegen.[13] Gerne wurde die Serie von Roddenberry auch als Plattform für Gesellschaftskritik instrumentalisiert. So gab es beispielsweise in „Raumschiff Enterprise" den ersten Fernsehkuss zwischen „Schwarz" und „Weiß".[14] Mittlerweile bildet der Name Star Trek den Obertitel *„für sechs Science-Fiction-Fernsehserien mit insgesamt 726 Episoden sowie zehn Kinofilme, zahlreiche Romane, Computerspiele und andere Werke, deren Inhalte auf der 1966 von Gene Roddenberry geschaffenen Fernsehserie Raumschiff Enterprise basieren."[15]* Angesichts dieser Größe des Star Trek-Universums ist es nicht verwunderlich, dass dieses bereits auf zahlreichen Wegen Einzug in die Alltagskultur gehalten hat. So weiß beispielsweise heute jedes Kind welche Bedeutung sich hinter dem Wort „beamen" verbirgt. Laut einer Studie bezeichneten sich im Jahre 1991 allein 53 Prozent aller US-Amerikaner als Star Trek-Fans, in Westeuropa kann von einer ähnlichen Begeisterung gesprochen werden.[16]

4. Beispiele für „Alternative Gender"

In Hinblick auf die wissenschaftliche Differenzierung zwischen biologischem (Sex) und kulturellem/ sozialem (Gender) Geschlecht findet auch in der Darstellung meiner Beispiele eine Unterteilung zwischen Sex und Gender Anwendung. In diesem nun folgenden Kapitel lege ich den Fokus auf Charaktere, die durch Machtpositionen oder Handlungen das typische Rollenverhältnis durchbrechen und damit als „Aternative Gender" gewertet werden können.

---

[12] Sennewald, Alien Gender, S. 10-11
[13] Carsten Schütz, The Trek Generation. Der Online-Guide für Star-Trek-Fans, Düsseldorf 1997, S. 19
[14] Kommunikationsoffizierin Uhura küsst Captain Kirk (TOS 3x12: Platons Stiefkinder)
[15] http://de.wikipedia.org/wiki/Star_Trek
[16] Sennewald, Alien Gender, S. 9-10

4.1 Captain Kathryn Janeway

4.1.1 Die Frage nach der Alternativität

Die Figur der Sternenflotten-Kapitänin Kathryn Janeway stellt die erste weibliche Captainfigur im Star Trek-Universum dar.[17] Als Captain der USS Voyager hat sie die Aufgabe ihr Schiff, welches bei einer Verfolgungsjagd in den weit entfernten Delta-Quadranten verschlagen wurde, wieder nach Hause zu fliegen. Dabei muss sie zusammen mit ihrer Besatzung unzählige Abenteuer und Prüfungen bestehen, bis schlussendlich die Heimat erreicht ist.[18] Aufgewachsen als Tochter eines Sternenflotten-Admirals kann Janeways Aufstieg innerhalb der Sternenflotte zum Captain als wahre Bilderbuchkarriere beschrieben werden. Dementsprechend fest ist sie mit den Prinzipien der Sternenflotte verbunden und verteidigt diese auch vehement, wenn es denn sein muss.[19] So beispielsweise geschehen in der Folge Equinox, wo sie einen ebenfalls im Delta-Quadranten gestrandeten Sternenflotten-Captain verfolgt, da dieser mit seinen Handlungen gegen die Prinzipien der Sternenflotte verstößt.[20]

Janeways Position als Captain wird betont durch ihre oftmals ernste Mimik und vor allem durch ihre strenge Haltung und Kleidung[21]. Gekleidet in einen hoch geschlossenen Anzug und versehen mit einer streng zurück gekämmten Hochsteckfrisur, vermittelt sie Kompetenz, Vertrauen und Gewissenhaftigkeit, alles Attribute, die ein Captain der Sternenflotte definitiv in sich vereinen sollte. Im Umgang mit ihren Crewmitgliedern bedient sich Janeway einer ausladenden und raumgreifenden Körpersprache.[22] *„Sie stützt oft Beine oder Ellenbogen auf, um sich breiter zu machen oder legt bei Besprechungen die Hand auf die Stuhllehne ihrer Crew. Durch das Eindringen in den persönlichen Raum ihrer Untergebenen markiert sie ihre Macht über sie."[23]*Weit weniger offensiv ist die Figur Janeway in der Auslebung sexueller Bedürfnisse oder der Knüpfung von partnerschaftlichen Beziehungen angelegt. Der Meinung verhaftet, dass ihr Status als Captain eine Beziehung und damit eine ausgelebte Sexualität ausschließt[24], vermeidet sie in der

---

[17] Claudia Kern, Das Voyager Logbuch, Königswinter 1996, S. 8
[18] Michael Peinkofer/ Uwe Raum-Deinzer, Das große Star Trek Buch. Von der CLASSIC-Serie bis zu VOYAGER, Gotha 1997, S. 184
[19] Sennewald, Alien Gender, S. 76-77
[20] VOY 5x26/6x01: Equinox I/II
[21] siehe Anhang Bild 1
[22] Sennewald, Alien Gender, S. 84
[23] Ebd., S. 84
[24] Ebd., S. 81

Regel sämtliche Affären und Beziehungen.[25] Stattdessen sucht Janeway Ersatz auf dem Holodeck[26], wo sie sich in das Hologramm eines irischen Barbesitzers verliebt.[27]

Diese heraus gearbeiteten Charakterzüge und Eigenschaften der Figur Janeway korrespondieren alle mit der eher männlich kodierten Figur eines Sternenflotten-Captains und können daher für die Verhaltensweise einer Frau als alternativ gewertet werden. Doch bilden diese Aspekte nur eine Seite der Darstellung des Charakters Janeway.

4.1.2 Die Frage nach dem Haken an der Sache – Die Eindämmung

Die andere Seite des Charakters Janeway besticht durch seine Fülle an weiblich kodierten Verhaltensmustern und kann als klare Eindämmung des vorher vermittelten Eindrucks verstanden werden. So wird Janeway in der Ausübung ihrer Befehlsgewalt gleichzeitig häufig als irrational und unkontrolliert dargestellt, die für sich und andere eine Gefahr darstellt. Ferner werden ihr psychische Labilität und ein Hang zu Fehlentscheidungen unterstellt und damit ihre Rolle als Captain in Frage gestellt.[28] So geschehen in der Episode Nacht, in der Janeway auf Grund einer langen Periode von Ereignislosigkeit in Depressionen verfällt und ihre Aufgaben als Captain vernachlässigt.[29] Auch ihre als Captain sehr prägnante Körpersprache erfährt eine beträchtliche Eindämmung. Dieses tritt insbesondere in romantischer Bezugnahme auf ein männliches Wesen hervor[30]. Als Beispiel kann hier der Flirt mit dem Hologramm eines irischen Barbesitzers angeführt werden, bei dem sie eine betont feminine Körperhaltung einnimmt. „So schlägt sie die Beine übereinander, legt den Kopf kokett schräg und kichert."[31] Zusammenfassend lässt sich sagen, dass die Figur des Captains Janeway durch die Figur der Frau „Kathryn Janeway" eine ständige Demontage erfährt und damit in sich nicht stimmig ist. Diese Unstimmigkeiten in der Inszenierung der Figur lassen vermuten, warum die Figur der Kathryn Janeway bei Star Trek-Fans nicht sehr beliebt ist und sich in den Star Trek-Internetforen eine regelrechte Kultur des „Janeway-Bashings" etabliert hat.

---

[25] Ebd., S. 80
[26] Ein Holodeck ist ein holographischer Umgebungssimulator an Bord eines Raumschiffes. Er wird benutzt, um beispielsweise beliebige Freizeit-, Übungs- oder Forschungsszenarien zu virtualisieren.
[27] VOY 6x11: Fair Haven
[28] Sennewald, Alien Gender, S. 77
[29] VOY 5x01: Nacht
[30] siehe Anhang Bild 2
[31] Sennewald, Alien Gender, S. 84

4.2 B'Elanna Torres

4.2.1 Die Frage nach der Alternativität

Die Figur der B'Elanna Torres fungiert als Chefingenieurin der USS Voyager. Als Chefingenieurin der Voyager hat sie das Kommando im Maschinenraum, überwacht sämtliche Systeme des Raumschiffes und setzt den Captain über Veränderungen und Anomalien in Kenntnis.[32] Aufgewachsen als Tochter einer Klingonin[33] und eines Menschen, macht sie als Kind auf Grund ihres Äußeren viele diskriminierende Erfahrungen. Im Erwachsenenalter tritt sie dann der Sternenflotte bei, wird da jedoch angesichts einer Fülle von Disziplinarstrafen bald entlassen. Über Umwege gelangt sie später auf die Voyager und damit unter das Kommando von Kathryn Janeway.[34] Ein zentrales charakterliches Merkmal, was immer wieder narrativ mit der Figur der B'Elanna verknüpft wird, ist deren psychische Unberechenbarkeit und Aggressivität[35]. Diese werden unter anderem in der Episode „Die Parallaxe"[36] thematisiert, in der B'Elanna durch einen Fausthieb gleich dreifach die Nase John Careys, eines Konkurrenten um den Posten des Chefingenieurs, bricht und dieser beinahe seiner Verletzung erliegt. Das fast tödliche Resultat des Fausthiebes macht deutlich, dass B'Elanna für eine Frau über eine überdurchschnittliche Stärke und Effizienz im Kampf verfügt. Als Grund für ihr oft aggressives, unbeherrschtes Verhalten und ihre physische Stärke werden ihre klingonischen Gene angeführt.[37] Auch B'Elannas Sexualverhalten wird durch ihre aggressiven Klingonengene geprägt. Ein signifikantes Beispiel findet sich in der Episode „Pon Farr" [38] Von einem Vulkanier mit dessen Paarungszyklus infiziert, entwickelt B'Elanna ein unkontrollierbares Sexualverlangen. Dieses Verlangen versucht sie nun durch die sexuelle Vereinigung mit einem anderen Crewmitglied zu stillen. Dabei ist für ihre klingonischen Gene sehr bezeichnend, dass der Akt an sich von einer aggressiven Dominanz seitens B'Elannas geprägt ist. Dazu kommt ein animalisches, instinkthaftes Verhalten, welches im Beißen und Knurren Ausdruck findet.[39]

---

[32] Peinkofer/ Raum-Deinzer, Das große Star Trek Buch, S. 193-194
[33] Ein den Menschen körperlich überlegenes Kriegervolk, welches durch seine stolze und angriffslustige Kultur hervortritt. Bezeichnend für das Äußere eines Klingonen ist die Stirn mit ausgeprägten Verknöcherungen, die man als Schädelkämme bezeichnet.
[34] Peinkofer/ Raum-Deinzer, Das große Star Trek Buch, S. 194
[35] Ebd., S. 194
[36] VOY 1x03: Die Parallaxe
[37] Sennewald, Alien Gender, S. 127
[38] VOY 3x16: Pon Farr
[39] Sennewald, Alien Gender, S. 128

Die Figur der B'Elanna Torres kann insofern als alternativ bezeichnet werden, als dass ihr Eigenschaften zugewiesen werden, die ansonsten männlichen Handlungsträgern vorenthalten sind. Durch Ausübung von Gewalt, Aggression, Stärke und Dominanz hebt sie sich vom allgemeinen Frauenbild ab und lässt sich vielmehr dem Typus der „Action Girls"[40] zuordnen.

Jedoch zeigen die gesammelten Aspekte erneut nur eine Seite der Darstellung des Charakters B'Elanna Torres.

4.2.2 Die Frage nach dem Haken an der Sache – Die Eindämmung

Die andere Seite der Darstellung der Figur der Torres bedient sich wie schon bei Kathryn Janeway einer Fülle von Eindämmungsbildern, -dialogen und – handlungsmustern. Als beispielhaft für diese Eindämmung kann in der Episode „Die Parallaxe" Torres' uneinsichtiges, trotziges Verhalten gewertet werden. Nach einem gewalttätigen Übergriff ihrerseits auf ein anderes Crewmitglied weigert sie sich für ihr Verhalten Verantwortung zu übernehmen oder dieses überhaupt als falsch anzuerkennen. [41]In dieser Situation verfällt sie in ein eindeutig kindlich kodiertes Verhaltensmuster und relativiert damit das starke Bild der Kämpferin, die mit einem Fausthieb einem Mann gleich dreifach die Nase zu brechen vermag. Ein weiteres prägnantes Eindämmungsbild findet sich in der Folge „Pon Farr". Nachdem B'Elanna einen Faustkampf auf Leben und Tod siegreich für sich entscheiden konnte, bricht sie in den Armen eines männlichen Crewmitglieds zusammen.[42] Das Bild der starken, kämpfenden Frau wird aufgehoben und durch eine geschlechtsspezifisch vertrautere Ikonographie – die schwache Frau in den Armen des starken Mannes – ersetzt.[43] *„Solch ein Eindämmungsbild relativiert die Zurschaustellung weiblicher Überlegenheit, [...]. In diesem Fall findet die Eindämmung besonders gründlich statt,* [denn letztendlich scharen sich gleich drei Crewmitglieder besorgt um Torres] *und bilden visuell ein Dreieck männlicher Aktivität um die nun völlig passive Torres."*[44][45] Im Serienverlauf lässt sich in der Entwicklung der Figur Torres abschließend ein letztes Eindämmungsbild ausmachen. B'Elanna geht eine Beziehung mit einem männlichen Crewmitglied ein,

---

[40] Sennewald, Alien Gender, S. 134
[41] Sennewald, Alien Gender, S. 127
[42] VOY 3x16: Pon Farr
[43] Sennewald, Alien Gender, S. 129
[44] Ebd., S. 129
[45] Siehe Anhang Bild 3

was bei ihr zu einer verstärkteren Selbstkontrolle ihres Aggressionspotenzials führt. Letztendlich bringt sie in der finalen Folge auch noch ein Kind zur Welt, anstatt wie der Rest der Mannschaft den finalen Kampf gegen eine fremde Spezies zu bestehen, was das Bild einer starken und wilden Kämpferin nun vollends demontiert.[46]

5. Beispiele für „Alternative Sex"

In diesem Kapitel nun wird der Fokus auf Charaktere gelegt, die sich als eingeschlechtliche, polygeschlechtliche oder übergeschlechtliche Wesen nicht in ein binäres Mann-Frau-Schema einordnen lassen und daher als „Alternative Sex" bezeichnet werden können.

5.1 Die J'naii

5.1.1 Die Frage nach der Alternativität

Das Volk der J'naii nimmt innerhalb des Star Trek-Universums eine sehr bescheidene Rolle ein. Gerade mal in einer Episode[47] von „Star Trek: The next Generation" wird ihnen überhaupt eine handlungstragende Rolle zugestanden.

In dieser Episode werden die J'naii als eine eingeschlechtliche bzw. keingeschlechtliche Spezies dargestellt, die gleichzeitig männliche und weibliche Körpermerkmale und Wesenszüge miteinander vereint.[48] Alles was von dieser monosexuellen Norm abweicht, sei es beispielsweise eine zweigeschlechtliche Gesellschaft, wird von den J'naii als evolutionär rückständig und primitiv empfunden.[49] Geschlechtsorgane und Fortpflanzungsmechanismen unterscheiden sich deutlich von denen der Menschen. Die Nachkommen reifen außerhalb des Körpers in Hülsen heran, die vorher von einem J'naii befruchtet wurden.[50] Auch in der optischen Darstellung wird die Ein- bzw. Keingeschlechtlichkeit der J'naii unterstrichen. Versehen mit der gleichen standardisierten Kurzhaarfrisur, tragen alle eine dunkle, einteilige Uniform, die locker sitzt und die Körperlichkeit nicht betont, um jegliche Assoziationen mit dem binären Geschlechterverständnis zu vermeiden.[51] Fortsetzung findet dieses Vermeiden von Geschlechtsassoziationen in

---

[46] Ebd., S. 130
[47] TNG 5x17: Verbotene Liebe
[48] http://memory-alpha.org/en/wiki/J'naii
[49] http://memory-alpha.org/en/wiki/J'naii
[50] http://memory-alpha.org/en/wiki/J'naii
[51] Siehe Anhang Bild 4

der Gestik und Mimik. *„Die Körpersprache der J'naii ist steif: Sie stehen gerade, sitzen gerade und laufen oft mit hinter dem Rücken verschränkten Händen. Sie wirken kontrolliert und zurückhaltend, die Gesellschaft scheint freud- und humorlos zu sein.*"[52]

Die Tatsache, dass beim Volk der J'naii nur ein bzw. gar kein Geschlecht vorhanden ist und damit eine biologische Abweichung vom binären Geschlechtersystem vorliegt, lässt die Aussage zu, dass die J'naii der Gruppe des „Alternative Sex" zugeordnet werden können.

5.1.2 Die Frage nach dem Haken an der Sache – Die Eindämmung

Ähnlich wie bei den Beispielen des „Alternative Gender" verbleibt es auch hier nicht bei einer narrativ durchgängig gleich bleibenden Konzeption der J'naii. Vielmehr erfährt auch diese Spezies eine Eindämmung der für sie so charakteristischen Ein- bzw. Keingeschlechtlichkeit. Dieses wird deutlich an der J'naii Soren, die sich in der Episode „Verbotene Liebe" zu Commander William Riker hingezogen fühlt.[53] Als dieser die Zuneigung erwidert, entwickelt sich eine Liebesbeziehung zwischen Mensch und J'naii.[54] Mit Sorens Bekenntnis, dass sie sich als Frau fühle und infolgedessen einer verfolgten Minderheit angehöre, wird aus einem vormals geschlechtslosen bzw. keingeschlechtlichen Wesen eine Frau. Damit wird das binäre Geschlechtersystem wieder hergestellt und jegliche Alternativität aufgehoben.[55]

Nach Sorens Bekenntnis, dass sie sich als Frau fühle, werden ihr sofort typisch weiblich kodierte Verhaltensmuster zu geschrieben. Ein Beispiel lässt sich in einer Szene ausmachen, in der Soren und Commander Riker gemeinsam auf einer Bank sitzen. Während Riker breitbeinig den maximalen Sitzraum für sich beansprucht, sitzt Soren mit geschlossenen Knien am äußersten Ende der Bank und klammert sich mit den Händen an der Bank fest. In dieser Situation wirkt sie sehr unsicher, fast schon verschüchtert, was ihre Rolle als weiblichen Part betonen soll.

Letztendlich wird die Alternativität in diesem Fall gleich zweifach demontiert. Nicht nur dass ein geschlechtsloses Wesen plötzlich zu einem Wesen mit Geschlecht mutiert, nein, dieses Wesen ist in Bezug auf einen männlichen Gegenpart auch noch weiblich und weist eindeutige weiblich kodierte Verhaltensmuster auf.

---

[52] Sennewald, Alien Gender, S.209
[53] TNG 5x17: Verbotene Liebe
[54] Peinkofer/ Raum-Deinzer, Das große Star Trek Buch, S. 95
[55] Sennewald, Alien Gender, S. 209

5.2 Die Formwandler

5.2.1 Die Frage nach der Alternativität

Die Formwandler oder auch Gründer treten in diversen Episoden von „Star Trek: Raumstation Deep Space Nine" auf. Sie werden als Lebensformen dargestellt, die jede erdenkliche Form annehmen können, auch die eines Humanoiden. Beheimatet im Gamma-Quadranten, versuchen sie als despotische Herrscher Ordnung im chaotischen Universum herzustellen.[56] Dazu bilden sie *„auf ihrem Planeten ein einziges flüssiges Bewusstseinsmeer, die ,Große Verbindung', [...]."*[57]Diese ermöglicht es ihnen ohne verbale Kommunikation Gedanken und Informationen auszutauschen.[58]In ihrer Ausgangsform besitzen Formwandler keine festen Körpergrenzen und können am ehesten als organische, geleeartige Masse beschrieben werden.[59] Da sie wie bereits beschrieben keine humanoide Ausgangsform besitzen, sind sie sexuell nicht weiter determiniert und lassen sich somit auch nicht in das humanoide Geschlechtersystem einbinden.[60] Diese Tatsache des Fehlens eines näher determinierten Geschlechts begründet, warum die Formwandler der Gruppe des „Alternative Sex" zugeordnet werden können.

5.2.2 Die Frage nach dem Haken an der Sache – Die Eindämmung

Doch auch die geschlechtliche Alternativität der Formwandler erhält im Verlauf der Serie „Star Trek: Deep Space Nine" eine starke Eindämmung. Dies lässt sich vor allem an der Figur des Odo beobachten. Ebenfalls dem Volk der Formwandler angehörend, arbeitet er als Sicherheitschef auf der Raumstation Deep Space Nine.[61] Obwohl es Odo schwer fällt und ihm viel Kraft abverlangt, hat er die Form eines männlichen Humanoiden angenommen, um diesen als Interface zur Kommunikation mit anderen Mitgliedern der menschlichen Spezies zu nutzen. Diese Tatsache impliziert zunächst noch keine Eindämmung. Als Odo jedoch eine Liebesbeziehung mit einem weiblichen Crew-Mitglied eingeht, erfolgt eine offensichtliche Genderisierung hin zum männlichen Geschlecht. Odos Partnerin treibt die Genderisierung noch auf die Spitze, indem sie andeutet, dass Odo sich schon immer gewünscht habe ein richtiger Mann zu sein: *„Aber das ist das, was du dir immer*

---

[56] http://memory-alpha.org/en/wiki/Changeling
[57] Sennewald, Alien Gender, S. 230
[58] http://www.memory-alpha.org/de/wiki/Gr%C3%BCnder
[59] http://memory-alpha.org/en/wiki/Changeling
[60] Sennewald, Alien Gender, S. 231
[61] Peinkofer/ Raum-Deinzer, Das große Star Trek Buch, S. 158

gewünscht hattest, zu sein. Ein Mann. Ein guter und ehrlicher Mann. Der Mann, in den ich mich verliebt habe. "[62] Nahezu perfekt fügt sich Odo in das soziale/ kulturelle Geschlecht eines männlichen Humanoiden ein. So trägt er beispielsweise Smoking, führt beim Tanzen oder übernimmt die Initiative beim Austausch von Zärtlichkeiten.[63]

Zusammenfassend lässt sich sagen, dass allein durch die Wahl eines männlichen Erscheinungsbildes als Kommunikationsinterface noch keine Eindämmung vorliegt. Jedoch tritt mit der automatischen Vergeschlechtlichung des humanoiden Körpers und der Genderisierung dessen Verhaltens eine deutliche Eindämmung der eigentlichen Geschlechtslosigkeit hervor.

---

[62] DS9 7x14: Hirngespinst
[63] Siehe Anhang Bild 5

6. Schlussfolgerung

Gibt es alternative Geschlechterbilder im Star Trek-Universum? Die Antwort auf diese Frage lautet zumindest auf den zweiten Blick „nein". Vermittelt der erste Eindruck noch das Vorhandensein von alternativen Geschlechterbildern, beispielsweise treten Frauen als Captain oder Chefingenieure auf, so belehrt einen der zweite Blick eines Besseren.

So lässt sich beispielsweise zur Gruppe der „Alternative Gender" bemerken, dass es nicht nur relevant ist, dass Frauen in männlich kodierten Positionen gezeigt werden, sondern auch wie sie in dieser Position dargestellt werden.[64] Im Falle meiner gewählten Beispiele Captain Janeway und B'Elanna Torres ist zu anzumerken, dass bei beiden Frauen deren Positionen entweder durch Emotionalität, psychischer Labilität oder kindisch anmutendem Verhalten ständig in Frage gestellt werden. Diese Tatsache führt zu einer Eindämmung des zuvor erschaffenen Bildes eines alternativen sozialen/ kulturellen Geschlechts und damit zwangsläufig zur Einbettung oder zumindest zur Annäherung an das gängige weibliche Rollenklischee.

Ebenso darf in der Gruppe des „Alternative Sex" nicht vernachlässigt werden, wie die Charaktere dargestellt werden. Hier ist zu berücksichtigen, dass keiner meiner vorgestellten Charaktere das neu erschaffene alternative Geschlecht im Serienverlauf aufrecht erhält. Vielmehr lässt sich bei Soren, wie auch bei Odo beobachten, dass durch das Eingehen einer Beziehung automatisch eine Einordnung in das binäre Geschlechtersystem erfolgt. Begleitet wird die Einordnung in das binäre System stets durch eine Genderisierung des Verhaltens. Wie bereits Heller bemerkte, endet jeder Ansatz in Star Trek Konzepte jenseits der heterosexuellen Zweigeschlechtlichkeit zu erforschen in einer Bestätigung der Norm:[65] *„In these episodes we see an exploration of, and then retreat from, alternatives to heterosexual constructions of identity and desire".*[66]

Angesichts dessen bleibt nur noch zu sagen, dass, obwohl in der Welt des Science-Fiction alle Möglichkeiten vorhanden wären alternative Rollenbilder und Geschlechter zu erschaffen, dieses zumindest im Moment noch reine Fiktion bleibt.

---

[64] Sennewald, Alien Gender, S. 252
[65] Ebd., S. 261
[66] Ebd., S. 261

Literaturverzeichnis

Dewi, Torsten: Star-Trek – Was ist das?, in: Hellmann, Kai-Uwe/ Klein, Arne (Hrsg.): „Unendliche Weiten...". Star Trek zwischen Unterhaltung und Utopie, Frankfurt am Main 1997, S. 10-16.

Frey Steffen, Therese: Gender, Leipzig 2006.

Kern, Claudia: Das Voyager Logbuch, Königswinter 1996.

Kotthoff, Helga: Was heißt eigentlich „doing gender"? Zur Interaktion und Geschlecht, in: J. van Leeuwen-Turnovcová (Hrsg.), Wiener Slawistischer Almanach, Wien 2002.

Peinkofer, Michael/ Raum-Deinzer, Uwe: Das große Star Trek Buch. Von der CLASSIC-Serie bis zu VOYAGER, Gotha 1997.

Schütz, Carsten: The Trek Generation. Der Online-Guide für Star-Trek-Fans, Düsseldorf 1997.

Sennewald, Nadja: Alien Gender. Die Inszenierung von Geschlecht in Science-Fiction-Serien, Bielefeld 2007.

Stephan, Inge: Gender, Geschlecht und Theorie, in: Braun von, Christina/ Stephan, Inge (Hrsg.): Gender Studien. Eine Einführung, Stuttgart 2006, S. 52-91.

Internetquellen:

http://de.wikipedia.org/wiki/Star_Trek (zuletzt aufgerufen am: 25.08.2008)

http://memory-alpha.org/en/wiki/J'naii (zuletzt aufgerufen am: 25.08.2008)

http://memory-alpha.org/en/wiki/Changeling (zuletzt aufgerufen am: 25.08.2008)

http://www.memory-alpha.org/de/wiki/Gr%C3%BCnder (zuletzt aufgerufen am: 25.08.2008)

Anhang

Bild 1

Bild 2

Bild 3

Bild 4

Bild 5